TRANZLATY
El idioma es para todos

A nyelv mindenkié

La Bella y la Bestia

A Szépség és a Szörnyeteg

Gabrielle-Suzanne Barbot de Villeneuve

Español / Magyar

Copyright © 2025 Tranzlaty
All rights reserved
Published by Tranzlaty
ISBN: 978-1-80572-081-2
Original text by Gabrielle-Suzanne Barbot de Villeneuve
La Belle et la Bête
First published in French in 1740
Taken from The Blue Fairy Book (Andrew Lang)
Illustration by Walter Crane
www.tranzlaty.com

Había una vez un rico comerciante
Volt egyszer egy gazdag kereskedő
Este rico comerciante tuvo seis hijos.
ennek a gazdag kereskedőnek hat gyermeke volt
Tenía tres hijos y tres hijas.
három fia és három lánya volt
No escatimó en gastos para su educación
nem kímélte az oktatásukat
Porque era un hombre sensato
mert értelmes ember volt
pero dio a sus hijos muchos siervos
de sok szolgát adott gyermekeinek
Sus hijas eran extremadamente bonitas
a lányai rendkívül csinosak voltak
Y su hija menor era especialmente bonita.
a legkisebb lánya pedig különösen csinos volt
Desde niña ya admiraban su belleza
gyermekkorában már csodálták a szépségét
y la gente la llamaba por su belleza
és az emberek szépsége miatt szólították
Su belleza no se desvaneció a medida que envejecía.
szépsége nem halványult el, ahogy öregedett
Así que la gente seguía llamándola por su belleza.
így az emberek folyton szépsége miatt hívták
Esto puso muy celosas a sus hermanas.
ez nagyon féltékennyé tette a nővéreit
Las dos hijas mayores tenían mucho orgullo.
a két legidősebb lánya nagyon büszke volt
Su riqueza era la fuente de su orgullo.
gazdagságuk volt büszkeségük forrása
y tampoco ocultaron su orgullo
és ők sem titkolták büszkeségüket
No visitaron a las hijas de otros comerciantes.
nem látogatták meg más kereskedők lányait
Porque sólo se encuentran con la aristocracia.
mert csak az arisztokráciával találkoznak

- 1 -

Salían todos los días a fiestas.
minden nap kimentek bulizni
bailes, obras de teatro, conciertos, etc.
bálok, színdarabok, koncertek és így tovább
y se rieron de su hermana menor
és kinevettek a legkisebb húgukon
Porque pasaba la mayor parte del tiempo leyendo
mert ideje nagy részét olvasással töltötte
Era bien sabido que eran ricos
köztudott volt, hogy gazdagok
Así que varios comerciantes eminentes pidieron su mano.
így több jeles kereskedő megkérte a kezét
pero dijeron que no se iban a casar
de azt mondták, hogy nem házasodnak össze
Pero estaban dispuestos a hacer algunas excepciones.
de készek voltak néhány kivételt tenni
"Quizás podría casarme con un duque"
„talán feleségül vehetnék egy herceget"
"Supongo que podría casarme con un conde"
„Azt hiszem, feleségül tudnék venni egy grófot"
Bella agradeció muy civilizadamente a quienes le propusieron matrimonio.
szépség nagyon polgáriasan megköszönte azoknak, akik felajánlották neki
Ella les dijo que todavía era demasiado joven para casarse.
azt mondta nekik, hogy még túl fiatal ahhoz, hogy férjhez menjen
Ella quería quedarse unos años más con su padre.
szeretett volna még néhány évet az apjával maradni
De repente el comerciante perdió su fortuna.
A kereskedő egyszerre elvesztette a vagyonát
Lo perdió todo excepto una pequeña casa de campo.
egy kis vidéki házon kívül mindent elveszített
Y con lágrimas en los ojos les dijo a sus hijos:
és könnyes szemmel mondta gyermekeinek:
"Tenemos que ir al campo"

"vidékre kell mennünk"
"y debemos trabajar para vivir"
"és dolgoznunk kell a megélhetésünkért"
Las dos hijas mayores no querían abandonar el pueblo.
a két legidősebb lány nem akarta elhagyni a várost
Tenían varios amantes en la ciudad.
több szeretőjük volt a városban
y estaban seguros de que uno de sus amantes se casaría con ellos
és biztosak voltak benne, hogy valamelyik szeretőjük feleségül veszi őket
Pensaban que sus amantes se casarían con ellos incluso sin fortuna.
azt hitték, szeretőik vagyon nélkül is feleségül veszik őket
Pero las buenas damas estaban equivocadas.
de a jó hölgyek tévedtek
Sus amantes los abandonaron muy rápidamente
szeretőik nagyon gyorsan elhagyták őket
porque ya no tenían fortuna
mert nem volt többé vagyonuk
Esto demostró que en realidad no eran muy queridos.
ez azt mutatta, hogy valójában nem kedvelték őket
Todos dijeron que no merecían compasión.
mindenki azt mondta, hogy nem érdemli meg, hogy sajnálják őket
"Nos alegra ver su orgullo humillado"
"Örülünk, hogy büszkeségüket alázatosan látjuk"
"Que se sientan orgullosos de ordeñar vacas"
"legyenek büszkék a fejő tehenekre"
Pero estaban preocupados por Bella.
de a szépségért aggódtak
Ella era una criatura tan dulce
olyan édes teremtés volt
Ella hablaba tan amablemente a la gente pobre.
olyan kedvesen beszélt szegény emberekkel
Y ella era de una naturaleza tan inocente.

és olyan ártatlan természetű volt
Varios caballeros se habrían casado con ella.
Több úr is feleségül vette volna
Se habrían casado con ella aunque fuera pobre
feleségül vették volna, bár szegény volt
pero ella les dijo que no podía casarlos
de azt mondta nekik, hogy nem veheti feleségül őket
porque ella no dejaría a su padre
mert nem hagyná el az apját
Ella estaba decidida a ir con él al campo.
elhatározta, hogy elmegy vele vidékre
para que ella pudiera consolarlo y ayudarlo
hogy megvigasztalhassa és segítse
La pobre belleza estaba muy triste al principio.
Szegény szépség eleinte nagyon elszomorodott
Ella estaba afligida por la pérdida de su fortuna.
gyászolta vagyona elvesztése
"**Pero llorar no cambiará mi suerte**"
"de a sírás nem változtatja meg a szerencsémet"
"**Debo intentar ser feliz sin riquezas**"
"Meg kell próbálnom gazdagság nélkül boldoggá tenni magam"
Llegaron a su casa de campo
vidéki házukba jöttek
y el comerciante y sus tres hijos se dedicaron a la agricultura
a kereskedő és három fia pedig állattenyésztésre jelentkezett
Bella se levantó a las cuatro de la mañana.
szépség hajnali négykor felkelt
y se apresuró a limpiar la casa
és sietett kitakarítani a házat
y se aseguró de que la cena estuviera lista
és gondoskodott róla, hogy elkészüljön a vacsora
Al principio encontró su nueva vida muy difícil.
kezdetben nagyon nehéznek találta új életét
porque no estaba acostumbrada a ese tipo de trabajo
mert nem volt hozzászokva az ilyen munkához

Pero en menos de dos meses se hizo más fuerte.
de alig két hónap alatt megerősödött
Y ella estaba más sana que nunca.
és egészségesebb volt, mint valaha
Después de haber hecho su trabajo, leyó
miután elvégezte a munkáját, elolvasott
Ella tocaba el clavicémbalo
csembalón játszott
o cantaba mientras hilaba seda
vagy énekelt, miközben selymet sodort
Por el contrario, sus dos hermanas no sabían cómo pasar el tiempo.
éppen ellenkezőleg, a két nővére nem tudta, mivel töltse az idejét
Se levantaron a las diez y no hicieron nada más que holgazanear todo el día.
tízkor keltek, és nem csináltak mást, csak lustálkodtak egész nap
Lamentaron la pérdida de sus hermosas ropas.
szép ruháik elvesztésén keseregtek
y se quejaron de perder a sus conocidos
és panaszkodtak az ismerőseik elvesztéséről
"Mirad a nuestra hermana menor", se dijeron.
„Nézze meg a legkisebb nővérünket" – mondták egymásnak
"¡Qué criatura tan pobre y estúpida es!"
"milyen szegény és ostoba teremtés ez"
"Es mezquino contentarse con tan poco"
"rossz megelégedni ennyivel"
El amable comerciante tenía una opinión muy diferente.
a kedves kereskedő egészen más véleményen volt
Él sabía muy bien que Bella eclipsaba a sus hermanas.
nagyon jól tudta, hogy a szépség felülmúlja a nővéreit
Ella los eclipsó tanto en carácter como en mente.
jellemében és elméjében is túlszárnyalta őket
Él admiraba su humildad y su arduo trabajo.
csodálta alázatát és kemény munkáját

Pero sobre todo admiraba su paciencia.
de leginkább a türelmét csodálta
Sus hermanas le dejaron todo el trabajo por hacer.
nővérei minden munkát ráhagytak
y la insultaban a cada momento
és minden pillanatban megsértették
La familia había vivido así durante aproximadamente un año.
A család körülbelül egy évig élt így
Entonces el comerciante recibió una carta de un contable.
majd a kereskedő levelet kapott egy könyvelőtől
Tenía una inversión en un barco.
befektetése volt egy hajóban
y el barco había llegado sano y salvo
és a hajó épségben megérkezett
Esta noticia hizo que las dos hijas mayores se volvieran locas.
t híre felforgatta a két legidősebb lány fejét
Inmediatamente tuvieron esperanzas de regresar a la ciudad.
azonnal reménykedtek, hogy visszatérnek a városba
Porque estaban bastante cansados de la vida en el campo.
mert eléggé belefáradtak a vidéki életbe
Fueron a ver a su padre cuando él se iba.
apjukhoz mentek, amint az elment
Le rogaron que les comprara ropa nueva
könyörögtek neki, hogy vegyen nekik új ruhát
Vestidos, cintas y todo tipo de cositas.
ruhák, szalagok és mindenféle apróság
Pero Bella no pedía nada.
de a szépség nem kért semmit
Porque pensó que el dinero no sería suficiente.
mert azt hitte, a pénz nem lesz elég
No habría suficiente para comprar todo lo que sus hermanas querían.
nem lenne elég megvenni mindent, amit a nővérei akartak
- ¿Qué te gustaría, Bella? -preguntó su padre.

– Mit szeretnél, szépségem? kérdezte az apja
"Gracias, padre, por la bondad de pensar en mí", dijo.
– Köszönöm, apám, hogy gondoltál rám – mondta
"Padre, ten la amabilidad de traerme una rosa"
"Atyám, légy olyan kedves, és hozz nekem egy rózsát"
"Porque aquí en el jardín no crecen rosas"
"mert nem nő rózsa itt a kertben"
"y las rosas son una especie de rareza"
"és a rózsa egyfajta ritkaság"
A Bella realmente no le importaban las rosas
a szépség nem igazán törődött a rózsákkal
Ella solo pidió algo para no condenar a sus hermanas.
csak kért valamit, hogy ne ítélje el a nővéreit
Pero sus hermanas pensaron que ella pidió rosas por otros motivos.
de a nővérei azt hitték, más okból kér rózsát
"Lo hizo sólo para parecer especial"
"csak azért csinálta, hogy különlegesen nézzen ki"
El hombre amable continuó su viaje.
A kedves ember elindult az útjára
pero cuando llego discutieron sobre la mercancia
de amikor megérkezett, vitatkoztak az áruról
Y después de muchos problemas volvió tan pobre como antes.
és sok fáradság után olyan szegényen tért vissza, mint azelőtt
Estaba a un par de horas de su propia casa.
pár órán belül a saját házától volt
y ya imaginaba la alegría de ver a sus hijos
és már elképzelte a gyermekei látásának örömét
pero al pasar por el bosque se perdió
de amikor átment az erdőn, eltévedt
Llovió y nevó terriblemente
borzasztóan esett és havazott
El viento era tan fuerte que lo arrojó del caballo.
a szél olyan erős volt, hogy ledobta a lováról
Y la noche se acercaba rápidamente

és gyorsan jött az éjszaka
Empezó a pensar que podría morir de hambre.
kezdett arra gondolni, hogy éhen halhat
y pensó que podría morir congelado
és arra gondolt, hogy halálra fagyhat
y pensó que los lobos podrían comérselo
és azt hitte, a farkasok megehetik
Los lobos que oía aullar a su alrededor
a farkasok, akiket hallott üvölteni maga körül
Pero de repente vio una luz.
de hirtelen fényt látott
Vio la luz a lo lejos entre los árboles.
távolról látta a fényt a fák között
Cuando se acercó vio que la luz era un palacio.
amikor közelebb ért, látta, hogy a fény egy palota
El palacio estaba iluminado de arriba a abajo.
a palotát tetőtől talpig kivilágították
El comerciante agradeció a Dios por su suerte.
a kereskedő megköszönte Istennek a szerencsét
y se apresuró a ir al palacio
és a palotába sietett
Pero se sorprendió al no ver gente en el palacio.
de meglepődött, hogy nem látott embereket a palotában
El patio estaba completamente vacío.
az udvar teljesen üres volt
y no había señales de vida en ninguna parte
és életnek nyoma sem volt sehol
Su caballo lo siguió hasta el palacio.
lova követte a palotába
y luego su caballo encontró un gran establo
majd a lova nagy istállót talált
El pobre animal estaba casi muerto de hambre.
szegény állat szinte éhes volt
Entonces su caballo fue a buscar heno y avena.
így a lova bement szénát és zabot keresni
Afortunadamente encontró mucho para comer.

szerencsére talált bőven ennivalót
y el mercader ató su caballo al pesebre
és a kereskedő a jászolhoz kötötte a lovát
Caminando hacia la casa no vio a nadie.
haladva nem látott senkit
Pero en un gran salón encontró un buen fuego.
de egy nagy teremben jó tüzet talált
y encontró una mesa puesta para uno
és talált egy megterített asztalt
Estaba mojado por la lluvia y la nieve.
nedves volt az esőtől és a hótól
Entonces se acercó al fuego para secarse.
ezért a tűz közelébe ment megszárítani magát
"Espero que el dueño de la casa me disculpe"
"Remélem, a ház ura megbocsát"
"Supongo que no tardará mucho en aparecer alguien"
– Gondolom, nem tart sokáig, amíg valaki megjelenik.
Esperó un tiempo considerable
Jó sokáig várt
Esperó hasta que dieron las once y todavía no venía nadie.
megvárta, amíg elütötte a tizenegyet, de még mindig nem jött senki
Al final tenía tanta hambre que no podía esperar más.
végre annyira éhes volt, hogy nem tudott tovább várni
Tomó un poco de pollo y se lo comió en dos bocados.
vett egy csirkét, és két falatban megette
Estaba temblando mientras comía la comida.
remegett az étel elfogyasztása közben
Después de esto bebió unas copas de vino.
ezek után ivott néhány pohár bort
Cada vez más valiente, salió del salón.
egyre bátrabban ment ki a teremből
y atravesó varios grandes salones
és átkelt több nagy termen
Caminó por el palacio hasta llegar a una cámara.
végigsétált a palotán, amíg be nem ért egy kamrába

Una habitación que tenía una cama muy buena.
egy kamra, amelyben rendkívül jó ágy volt
Estaba muy fatigado por su terrible experiencia.
nagyon elfáradt a megpróbáltatásoktól
Y ya era pasada la medianoche
és az idő már elmúlt éjfél
Entonces decidió que era mejor cerrar la puerta.
ezért úgy döntött, a legjobb, ha becsukja az ajtót
y concluyó que debía irse a la cama
és arra a következtetésre jutott, hogy le kell feküdnie
Eran las diez de la mañana cuando el comerciante se despertó.
Délelőtt tíz óra volt, amikor a kereskedő felébredt
Justo cuando iba a levantarse vio algo
éppen amikor fel akart kelni, látott valamit
Se sorprendió al ver un conjunto de ropa limpia.
elképedt egy tiszta ruhakészlet láttán
En el lugar donde había dejado su ropa sucia.
azon a helyen, ahol piszkos ruháit hagyta
"Seguramente este palacio pertenece a algún tipo de hada"
"Bizonyára valami tündéré ez a palota"
" Un hada que me ha visto y se ha compadecido de mí"
" egy tündér, aki látott és megsajnált engem"
Miró por una ventana
benézett egy ablakon
Pero en lugar de nieve vio el jardín más delicioso.
de hó helyett a legelragadóbb kertet látta
Y en el jardín estaban las rosas más hermosas.
és a kertben voltak a legszebb rózsák
Luego regresó al gran salón.
aztán visszatért a nagyterembe
El salón donde había tomado sopa la noche anterior.
a terem, ahol előző este levest ivott
y encontró un poco de chocolate en una mesita
és talált egy kis csokoládét egy kis asztalkán
"Gracias, buena señora hada", dijo en voz alta.

– Köszönöm, jó Madam Fairy – mondta hangosan
"Gracias por ser tan cariñoso"
"Köszönöm, hogy ilyen gondoskodó voltál"
"Le estoy sumamente agradecido por todos sus favores"
"Rendkívül hálás vagyok minden szívességéért"
El hombre amable bebió su chocolate.
a kedves ember megitta a csokit
y luego fue a buscar su caballo
majd elment megkeresni a lovát
Pero en el jardín recordó la petición de Bella.
de a kertben eszébe jutott szépségkérés
y cortó una rama de rosas
és levágott egy rózsaágat
Inmediatamente oyó un gran ruido
azonnal nagy zajt hallott
y vio una bestia terriblemente espantosa
és egy rettenetesen ijesztő fenevadat látott
Estaba tan asustado que estaba a punto de desmayarse.
annyira megijedt, hogy készen állt az ájulásra
-Eres muy desagradecido -le dijo la bestia.
– Nagyon hálátlan vagy – mondta neki a vadállat
Y la bestia habló con voz terrible
és a fenevad szörnyű hangon beszélt
"Te he salvado la vida al permitirte entrar en mi castillo"
"Megmentettem az életét azzal, hogy beengedtem a kastélyomba"
"¿Y a cambio me robas mis rosas?"
"és ezért cserébe ellopod a rózsáimat?"
"Las rosas que valoro más que nada"
"A rózsák, amelyeket mindennél jobban értékelek"
"Pero morirás por lo que has hecho"
"de meg kell halnod azért, amit tettél"
"Sólo te doy un cuarto de hora para que te prepares"
"Csak negyed órát adok, hogy felkészülj"
"Prepárate para la muerte y di tus oraciones"
"Készülj fel a halálra és mondd el az imáidat"

El comerciante cayó de rodillas
a kereskedő térdre esett
y alzó ambas manos
és felemelte mindkét kezét
"Mi señor, le ruego que me perdone"
"Uram, kérlek, bocsáss meg nekem"
"No tuve intención de ofenderte"
"Nem állt szándékomban megbántani"
"Recogí una rosa para una de mis hijas"
"Rózsát gyűjtöttem az egyik lányomnak"
"Ella me pidió que le trajera una rosa"
"megkért, hogy hozzak neki egy rózsát"
-No soy tu señor, pero soy una bestia -respondió el monstruo.
- Nem vagyok az urad, hanem egy vadállat - válaszolta a szörnyeteg
"No me gustan los cumplidos"
"Nem szeretem a bókokat"
"Me gusta la gente que habla como piensa"
"Szeretem azokat az embereket, akik úgy beszélnek, ahogy gondolják"
"No creas que me puedo conmover con halagos"
"ne képzeld, hogy meghathat a hízelgés"
"Pero dices que tienes hijas"
– De azt mondod, hogy lányaid vannak.
"Te perdonaré con una condición"
"Egy feltétellel megbocsátok"
"Una de tus hijas debe venir voluntariamente a mi palacio"
"Az egyik lányodnak készségesen el kell jönnie a palotámba"
"y ella debe sufrir por ti"
"és szenvednie kell érted"
"Déjame tener tu palabra"
"Engedd, hogy szót mondjak"
"Y luego podrás continuar con tus asuntos"
"és akkor mehet a dolgod"
"Prométeme esto:"

"Ígérd meg nekem ezt:"
"Si tu hija se niega a morir por ti, deberás regresar dentro de tres meses"
"Ha a lányod nem hajlandó meghalni érted, három hónapon belül vissza kell térned"
El comerciante no tenía intenciones de sacrificar a sus hijas.
a kereskedőnek nem állt szándékában feláldozni a lányait
Pero, como le habían dado tiempo, quiso volver a ver a sus hijas.
de mivel időt kapott, még egyszer látni akarta a lányait
Así que prometió que volvería.
ezért megígérte, hogy visszatér
Y la bestia le dijo que podía partir cuando quisiera.
és a fenevad azt mondta neki, hogy indulhat, amikor akarja
y la bestia le dijo una cosa más
és a fenevad még egy dolgot mondott neki
"No te irás con las manos vacías"
"nem távozhatsz üres kézzel"
"Vuelve a la habitación donde yacías"
"menj vissza abba a szobába, ahol feküdtél"
"Verás un gran cofre del tesoro vacío"
"látsz egy nagy üres kincsesládát"
"Llena el cofre del tesoro con lo que más te guste"
"Töltsd meg a kincsesládát azzal, ami a legjobban tetszik"
"y enviaré el cofre del tesoro a tu casa"
"És hazaküldöm a kincsesládát"
Y al mismo tiempo la bestia se retiró.
és egyúttal a vadállat visszavonult
"Bueno", se dijo el buen hombre.
– Nos – mondta magában a jó ember
"Si tengo que morir, al menos dejaré algo a mis hijos"
"Ha meg kell halnom, legalább hagyok valamit a gyerekeimre."
Así que regresó al dormitorio.
így visszatért a hálószobába
y encontró una gran cantidad de piezas de oro

és nagyon sok aranyat talált
Llenó el cofre del tesoro que la bestia había mencionado.
megtöltötte a kincsesládát, amelyet a vadállat említett
y sacó su caballo del establo
és kivette a lovát az istállóból
La alegría que sintió al entrar al palacio ahora era igual al dolor que sintió al salir de él.
az öröm, amit a palotába való belépéskor érzett, most egyenlő volt azzal a bánattal, amelyet elhagyott
El caballo tomó uno de los caminos del bosque.
a ló az erdő egyik útjára ment
Y en pocas horas el buen hombre estaba en casa.
és néhány óra múlva a jóember otthon volt
Sus hijos vinieron a él
gyermekei jöttek hozzá
Pero en lugar de recibir sus abrazos con placer, los miró.
de ahelyett, hogy örömmel fogadta volna ölelésüket, rájuk nézett
Levantó la rama que tenía en sus manos.
feltartotta a kezében tartott ágat
y luego estalló en lágrimas
majd sírva fakadt
"Belleza", dijo, "por favor toma estas rosas".
– Szépség – mondta –, kérlek, vedd el ezeket a rózsákat!
"No puedes saber lo costosas que han sido estas rosas"
"Nem tudhatod, milyen drágák voltak ezek a rózsák"
"Estas rosas le han costado la vida a tu padre"
"ezek a rózsák az apád életébe kerültek"
Y luego contó su fatal aventura.
majd elmesélte végzetes kalandját
Inmediatamente las dos hermanas mayores gritaron.
azonnal felkiáltott a két legidősebb nővér
y le dijeron muchas cosas malas a su hermosa hermana
és sok aljas dolgot mondtak gyönyörű nővérüknek
Pero Bella no lloró en absoluto.
de a szépség egyáltalán nem sírt

"Mirad el orgullo de ese pequeño desgraciado", dijeron.
„Nézd, milyen büszkeség ez a kis nyomorult" – mondták
"ella no pidió ropa fina"
"nem kért szép ruhát"
"Ella debería haber hecho lo que hicimos"
"neki azt kellett volna tennie, amit mi tettünk"
"ella quería distinguirse"
"Meg akarta különböztetni magát"
"Así que ahora ella será la muerte de nuestro padre"
"tehát most ő lesz apánk halála"
"Y aún así no derrama ni una lágrima"
"és mégsem könnyet ejt"
"¿Por qué debería llorar?" respondió Bella
– Miért sírjak? válaszolta szépség
"Llorar sería muy innecesario"
"sírás nagyon felesleges lenne"
"mi padre no sufrirá por mí"
"apám nem fog szenvedni értem"
"El monstruo aceptará a una de sus hijas"
"a szörny elfogadja az egyik lányát"
"Me ofreceré a toda su furia"
"Feladom magam minden haragjának"
"Estoy muy feliz, porque mi muerte salvará la vida de mi padre"
"Nagyon boldog vagyok, mert a halálom megmenti apám életét"
"mi muerte será una prueba de mi amor"
"halálom a szerelmem bizonyítéka lesz"
-No, hermana -dijeron sus tres hermanos.
– Nem, húgom – mondta három testvére
"Eso no será"
"az nem lesz"
"Iremos a buscar al monstruo"
"Megyünk megkeresni a szörnyet"
"y o lo matamos..."
"és vagy megöljük..."

"...o pereceremos en el intento"
"...vagy elpusztulunk a kísérletben"
"No imaginéis tal cosa, hijos míos", dijo el mercader.
– Ne képzeljetek ilyesmit, fiaim – mondta a kereskedő
"El poder de la bestia es tan grande que no tengo esperanzas de que puedas vencerlo"
"A fenevad ereje akkora, hogy nincs reményem, hogy legyőzhetnéd"
"Estoy encantado con la amable y generosa oferta de Bella"
"Elbűvölt a szépség kedves és nagylelkű ajánlata"
"pero no puedo aceptar su generosidad"
"de nem tudom elfogadni a nagylelkűségét"
"Soy viejo y no me queda mucho tiempo de vida"
"Öreg vagyok, és nem kell sokáig élnem"
"Así que sólo puedo perder unos pocos años"
"így csak néhány évet veszíthetek"
"Tiempo que lamento por vosotros, mis queridos hijos"
"Az idő, amit sajnálok értetek, kedves gyermekeim"
"Pero padre", dijo Bella
– De apa – mondta szépség
"No irás al palacio sin mí"
"nem mész a palotába nélkülem"
"No puedes impedir que te siga"
"Nem akadályozhatod meg, hogy kövesselek"
Nada podría convencer a Bella de lo contrario.
semmi sem tudta meggyőzni a szépséget az ellenkezőjéről
Ella insistió en ir al bello palacio.
ragaszkodott hozzá, hogy elmenjen a szép palotába
y sus hermanas estaban encantadas con su insistencia
és a nővérei örültek a ragaszkodásának
El comerciante estaba preocupado ante la idea de perder a su hija.
A kereskedő aggódott a lánya elvesztésének gondolata miatt
Estaba tan preocupado que se había olvidado del cofre lleno de oro.
annyira aggódott, hogy megfeledkezett az arannyal teli

ládáról
Por la noche se retiró a descansar y cerró la puerta de su habitación.
éjjel visszavonult pihenni, és becsukta a kamra ajtaját
Entonces, para su gran asombro, encontró el tesoro junto a su cama.
majd nagy megdöbbenésére az ágya mellett találta a kincset
Estaba decidido a no contárselo a sus hijos.
elhatározta, hogy nem mondja el a gyerekeinek
Si lo supieran, hubieran querido regresar al pueblo.
ha tudták volna, vissza akartak volna térni a városba
y estaba decidido a no abandonar el campo
és elhatározta, hogy nem hagyja el a vidéket
Pero él confió a Bella el secreto.
de a szépségre bízta a titkot
Ella le informó que dos caballeros habían llegado.
közölte vele, hogy két úr jött
y le hicieron propuestas a sus hermanas
és javaslatokat tettek a nővéreinek
Ella le rogó a su padre que consintiera su matrimonio.
könyörgött az apjának, hogy járuljon hozzá a házasságukhoz
y ella le pidió que les diera algo de su fortuna
és megkérte, hogy adjon nekik a vagyonából
Ella ya los había perdonado.
már megbocsátott nekik
Las malvadas criaturas se frotaron los ojos con cebollas.
a gonosz lények hagymával dörzsölték a szemüket
Para forzar algunas lágrimas cuando se separaron de su hermana.
hogy könnyekre fakadjon, amikor elváltak a nővérüktől
Pero sus hermanos realmente estaban preocupados.
de a testvérei valóban aggódtak
Bella fue la única que no derramó ninguna lágrima.
a szépség volt az egyetlen, aki nem ejtett könnyeket
Ella no quería aumentar su malestar.
nem akarta fokozni a nyugtalanságukat

El caballo tomó el camino directo al palacio.
a ló a közvetlen úton ment a palotába
y hacia la tarde vieron el palacio iluminado
és estefelé meglátták a kivilágított palotát
El caballo volvió a entrar solo en el establo.
a ló ismét bevette magát az istállóba
Y el buen hombre y su hija entraron en el gran salón.
és a jó ember és a lánya bementek a nagyterembe
Aquí encontraron una mesa espléndidamente servida.
itt találtak egy pompásan felszolgált asztalt
El comerciante no tenía apetito para comer
a kereskedőnek nem volt étvágya enni
Pero Bella se esforzó por parecer alegre.
de a szépség igyekezett vidámnak látszani
Ella se sentó a la mesa y ayudó a su padre.
leült az asztalhoz és segített az apjának
Pero también pensó para sí misma:
de azt is gondolta magában:
"La bestia seguramente quiere engordarme antes de comerme"
"A fenevad biztosan meg akar hizlalni, mielőtt megesz"
"Por eso ofrece tanto entretenimiento"
"ezért nyújt ilyen bőséges szórakozást"
Después de haber comido oyeron un gran ruido.
miután ettek, nagy zajt hallottak
Y el comerciante se despidió de su desdichado hijo con lágrimas en los ojos.
és a kereskedő könnyes szemmel búcsúzott szerencsétlen gyermekétől
Porque sabía que la bestia venía
mert tudta, hogy jön a fenevad
Bella estaba aterrorizada por su horrible forma.
a szépség megrémült iszonyatos alakjától
Pero ella tomó coraje lo mejor que pudo.
de a lehető legjobban vette a bátorságot
Y el monstruo le preguntó si venía voluntariamente.

és a szörny megkérdezte tőle, hogy szívesen jött-e
-**Sí, he venido voluntariamente -dijo temblando.**
– Igen, szívesen jöttem – mondta remegve
La bestia respondió: "Eres muy bueno"
a vadállat így válaszolt: "Nagyon jó vagy"
"Y te lo agradezco mucho, hombre honesto"
"És nagyon hálás vagyok neked, becsületes ember"
"Continuad vuestro camino mañana por la mañana"
"Holnap reggel menj az utaidra"
"Pero nunca pienses en venir aquí otra vez"
"de soha ne gondolj arra, hogy többet idejössz"
"Adiós bella, adiós bestia", respondió.
– Búcsút szépség, búcsúzó állat – válaszolta
Y de inmediato el monstruo se retiró.
és a szörny azonnal visszavonult
"Oh, hija", dijo el comerciante.
– Ó, lányom – mondta a kereskedő
y abrazó a su hija una vez más
és még egyszer átölelte a lányát
"Estoy casi muerto de miedo"
"Majdnem halálra rémülök"
"Créeme, será mejor que regreses"
"Higgye el, jobb lesz, ha visszamegy"
"déjame quedarme aquí, en tu lugar"
"Hadd maradjak itt helyetted"
—No, padre —dijo Bella con tono decidido.
– Nem, apám – mondta a szépség határozott hangon
"Partirás mañana por la mañana"
"holnap reggel indulsz"
"déjame al cuidado y protección de la providencia"
"hagyj a gondviselés gondjaira és védelmére"
Aún así se fueron a la cama
ennek ellenére lefeküdtek
Pensaron que no cerrarían los ojos en toda la noche.
azt hitték, egész éjjel nem hunyják be a szemüket
pero justo cuando se acostaron se durmieron

de éppen amikor lefeküdtek aludtak
Bella soñó que una bella dama se acercó y le dijo:
A szépség álmodott egy szép hölgy jött hozzá, és azt mondta neki:
"**Estoy contento, bella, con tu buena voluntad**"
"Elégedett vagyok, szépségem, jóakaratoddal"
"**Esta buena acción tuya no quedará sin recompensa**"
"ez a jó cselekedeted nem marad jutalom nélkül"
Bella se despertó y le contó a su padre su sueño.
A szépség felébredt, és elmesélte apjának álmát
El sueño ayudó a consolarlo un poco.
az álom egy kicsit segített megvigasztalni
Pero no pudo evitar llorar amargamente mientras se marchaba.
de nem tudott keservesen sírni indulás közben
Tan pronto como se fue, Bella se sentó en el gran salón y lloró también.
amint elment, szépség leült a nagyteremben és sírt is
Pero ella decidió no sentirse inquieta.
de úgy döntött, nem lesz nyugtalan
Ella decidió ser fuerte por el poco tiempo que le quedaba de vida.
úgy döntött, hogy erős lesz az élethez hátralévő kis ideig
Porque creía firmemente que la bestia la comería.
mert szilárdan hitte, hogy a fenevad megeszi
Sin embargo, pensó que también podría explorar el palacio.
azonban úgy gondolta, akár felfedezhetné a palotát
y ella quería ver el hermoso castillo
és meg akarta nézni a szép kastélyt
Un castillo que no pudo evitar admirar.
egy kastély, amelyet nem győzött megcsodálni
Era un palacio deliciosamente agradable.
elragadóan kellemes palota volt
y ella se sorprendió muchísimo al ver una puerta
és rendkívül meglepődött, amikor meglátott egy ajtót
Y sobre la puerta estaba escrito que era su habitación.

és az ajtó fölé ki volt írva, hogy ez az ő szobája
Ella abrió la puerta apresuradamente
sietve kinyitotta az ajtót
y ella quedó completamente deslumbrada con la magnificencia de la habitación.
és egészen elkápráztatta a szoba pompáját
Lo que más le llamó la atención fue una gran biblioteca.
ami főként lekötötte a figyelmét, az egy nagy könyvtár volt
Un clavicémbalo y varios libros de música.
egy csembaló és több kottakönyv
"Bueno", se dijo a sí misma.
– Nos – mondta magában
"Veo que la bestia no dejará que mi tiempo cuelgue pesadamente"
"Látom, a vadállat nem hagyja, hogy az időm nehezére essen"
Entonces reflexionó sobre su situación.
aztán elgondolkodott magában a helyzetén
"Si me hubiera quedado un día, todo esto no estaría aquí"
"Ha egy napig maradnom kellett volna, ez nem lenne itt"
Esta consideración le inspiró nuevo coraje.
ez a megfontolás új bátorságot inspirált
y tomó un libro de su nueva biblioteca
és elővett egy könyvet az új könyvtárából
y leyó estas palabras en letras doradas:
és ezeket a szavakat olvasta aranybetűkkel:
"Bienvenida Bella, destierra el miedo"
"Üdvözöllek szépség, űzd el a félelmet"
"Eres reina y señora aquí"
"Te vagy itt királynő és úrnő"
"Di tus deseos, di tu voluntad"
"Mondd ki a kívánságodat, mondd ki az akaratodat"
"Aquí la obediencia rápida cumple tus deseos"
"A gyors engedelmesség itt teljesíti a kívánságait"
"¡Ay!", dijo ella con un suspiro.
– Jaj – mondta sóhajtva
"Lo que más deseo es ver a mi pobre padre"

"Leginkább látni szeretném szegény apámat"
"y me gustaría saber qué está haciendo"
"És szeretném tudni, hogy mit csinál"
Tan pronto como dijo esto se dio cuenta del espejo.
Amint ezt kimondta, észrevette a tükröt
Para su gran asombro, vio su propia casa en el espejo.
legnagyobb ámulatára saját otthonát látta a tükörben
Su padre llegó emocionalmente agotado.
apja érzelmileg kimerülten érkezett
Sus hermanas fueron a recibirlo
nővérei elmentek hozzá
A pesar de sus intentos de parecer tristes, su alegría era visible.
annak ellenére, hogy megpróbáltak szomorúnak látszani, örömük látható volt
Un momento después todo desapareció
egy pillanattal később minden eltűnt
Y las aprensiones de Bella también desaparecieron.
és a szépség félelmei is eltűntek
porque sabía que podía confiar en la bestia
mert tudta, hogy megbízhat a fenevadban
Al mediodía encontró la cena lista.
Délben készen találta a vacsorát
Ella se sentó a la mesa
leült az asztalhoz
y se entretuvo con un concierto de música
és zenei koncerttel szórakoztatták
Aunque no podía ver a nadie
bár nem láthatott senkit
Por la noche se sentó a cenar otra vez
este megint leült vacsorázni
Esta vez escuchó el ruido que hizo la bestia.
ezúttal hallotta a fenevad zaját
y ella no pudo evitar estar aterrorizada
és nem tehetett róla, hogy retteg
"belleza", dijo el monstruo

– szépség – mondta a szörnyeteg
"¿Me permites comer contigo?"
– Megengeded, hogy veled egyek?
"Haz lo que quieras", respondió Bella temblando.
– Tedd, amit akarsz – válaszolta remegve a szépség
"No", respondió la bestia.
– Nem – válaszolta a vadállat
"Sólo tú eres la señora aquí"
"Egyedül te vagy itt úrnő"
"Puedes despedirme si soy problemático"
"Elküldhetsz, ha zavarok"
"Despídeme y me retiraré inmediatamente"
"Küldj el, és azonnal visszavonom"
-Pero dime, ¿no te parece que soy muy fea?
– De mondd csak, nem gondolod, hogy nagyon csúnya vagyok?
"Eso es verdad", dijo Bella.
– Ez igaz – mondta szépség
"No puedo decir una mentira"
"Nem tudok hazudni"
"Pero creo que tienes muy buen carácter"
"de azt hiszem, nagyon jó természetű vagy"
"Sí, lo soy", dijo el monstruo.
– Valóban az vagyok – mondta a szörnyeteg
"Pero aparte de mi fealdad, tampoco tengo sentido"
"De a csúnyaságomon kívül nincs értelme."
"Sé muy bien que soy una criatura tonta"
"Tudom jól, hogy buta lény vagyok"
—No es ninguna locura pensar así —replicó Bella.
- Nem az ostobaság jele, ha így gondolod - válaszolta szépség
"Come entonces, bella", dijo el monstruo.
– Akkor egyél, szépségem – mondta a szörnyeteg
"Intenta divertirte en tu palacio"
"Próbálj szórakozni a palotádban"
"Todo aquí es tuyo"
"itt minden a tiéd"

"Y me sentiría muy incómodo si no fueras feliz"
"És nagyon nyugtalan lennék, ha nem lennél boldog"
-Eres muy servicial -respondió Bella.
„Nagyon kedves vagy" – válaszolta szépség
"Admito que estoy complacido con su amabilidad"
"Bevallom, örülök a kedvességednek"
"Y cuando considero tu bondad, apenas noto tus deformidades"
"És ha a kedvességedre gondolok, alig veszem észre a deformitásaidat"
"Sí, sí", dijo la bestia, "mi corazón es bueno".
- Igen, igen - mondta a vadállat -, jó a szívem
"Pero aunque soy bueno, sigo siendo un monstruo"
"de bár jó vagyok, mégis szörnyeteg vagyok"
"Hay muchos hombres que merecen ese nombre más que tú"
"Sok férfi van, aki jobban megérdemli ezt a nevet, mint te"
"Y te prefiero tal como eres"
"És jobban szeretlek olyannak, amilyen vagy"
"y te prefiero más que a aquellos que esconden un corazón ingrato"
"És jobban szeretlek téged, mint azokat, akik hálátlan szívet rejtenek"
"Si tuviera algo de sentido común", respondió la bestia.
– Ha lenne némi eszem – válaszolta a vadállat
"Si tuviera sentido común, te haría un buen cumplido para agradecerte"
"Ha lenne eszem, egy remek bókot tennék, hogy megköszönjem"
"Pero soy tan aburrida"
"de olyan unalmas vagyok"
"Sólo puedo decir que le estoy muy agradecido"
"Csak azt tudom mondani, hogy nagyon hálás vagyok neked"
Bella comió una cena abundante
a szépség kiadós vacsorát evett
y ella casi había superado su miedo al monstruo
és már majdnem legyőzte a szörnyetegtől való félelmét

Pero ella quería desmayarse cuando la bestia le hizo la siguiente pregunta.
de el akart ájulni, amikor a vadállat feltette neki a következő kérdést
"Belleza, ¿quieres ser mi esposa?"
"Szépség, leszel a feleségem?"
Ella tardó un tiempo antes de poder responder.
eltartott egy ideig, mire válaszolni tudott
Porque tenía miedo de hacerlo enojar
mert félt, hogy feldühíti
Al final, sin embargo, dijo: "No, bestia".
végül azonban azt mondta: "nem, vadállat"
Inmediatamente el pobre monstruo silbó muy espantosamente.
azonnal nagyon ijesztően sziszegte szegény szörnyeteg
y todo el palacio hizo eco
és az egész palota visszhangzott
Pero Bella pronto se recuperó de su susto.
de a szépség hamar magához tért ijedtségéből
porque la bestia volvió a hablar con voz triste
mert fenevad ismét gyászos hangon beszélt
"Entonces adiós, belleza"
"Akkor viszlát, szépség"
y sólo se volvía de vez en cuando
és csak időnként fordult vissza
mirarla mientras salía
hogy ránézzen, amint kiment
Ahora Bella estaba sola otra vez
most a szépség ismét egyedül volt
Ella sintió mucha compasión
nagy részvétet érzett
"Ay, es una lástima"
"Jaj, ez ezer kár"
"algo tan bueno no debería ser tan feo"
"ami ilyen jó természetű, nem lehet olyan csúnya"
Bella pasó tres meses muy contenta en palacio.

szépség három hónapot nagyon elégedetten töltött a palotában
Todas las noches la bestia le hacía una visita.
minden este a fenevad meglátogatta
y hablaron durante la cena
és vacsora közben beszélgettek
Hablaban con sentido común
józan ésszel beszélgettek
Pero no hablaban con lo que la gente llama ingenio.
de nem beszéltek azzal, amit az emberek szellemességnek neveznek
Bella siempre descubre algún carácter valioso en la bestia.
a szépség mindig felfedezett valami értékes karaktert a fenevadban
y ella se había acostumbrado a su deformidad
és hozzászokott a férfi deformitásához
Ella ya no temía el momento de su visita.
már nem rettegett a látogatásának idejétől
Ahora a menudo miraba su reloj.
most gyakran az órájára nézett
y ella no podía esperar a que fueran las nueve en punto
és alig várta, hogy kilenc óra legyen
Porque la bestia nunca dejaba de venir a esa hora
mert a fenevad soha nem mulasztotta el jönni abban az órában
Sólo había una cosa que preocupaba a Bella.
csak egy dolog vonatkozott a szépségre
Todas las noches antes de irse a dormir la bestia le hacía la misma pregunta.
minden este, mielőtt lefeküdt a vadállat ugyanazt a kérdést tette fel neki
El monstruo le preguntó si sería su esposa.
a szörny megkérdezte tőle, lesz-e a felesége
Un día ella le dijo: "bestia, me pones muy nerviosa"
egy nap azt mondta neki: "fenevad, nagyon nyugtalanítasz."
"Me gustaría poder consentir en casarme contigo"
"Bárcsak beleegyeznék, hogy feleségül vegyem"

"Pero soy demasiado sincero para hacerte creer que me casaría contigo"
"de túl őszinte vagyok ahhoz, hogy elhitessem veled, hogy feleségül veszlek"
"nuestro matrimonio nunca se realizará"
"A mi házasságunk soha nem fog megtörténni"
"Siempre te veré como un amigo"
"Mindig barátként foglak látni"
"Por favor, trate de estar satisfecho con esto"
"kérlek próbálj meg elégedett lenni ezzel"
"Debo estar satisfecho con esto", dijo la bestia.
– Biztosan elégedett vagyok ezzel – mondta a vadállat
"Conozco mi propia desgracia"
"Tudom a saját szerencsétlenségemet"
"pero te amo con el más tierno cariño"
leggyengédebb szeretettel szeretlek "
"Sin embargo, debo considerarme feliz"
"Azonban boldognak kell tartanom magam"
"Y me alegraría que te quedaras aquí"
"És örülnöm kell, hogy itt maradsz"
"Prométeme que nunca me dejarás"
"Ígérd meg, hogy soha nem hagysz el"
Bella se sonrojó ante estas palabras.
a szépség elpirult e szavak hallatán
Un día Bella se estaba mirando en el espejo.
egy nap a szépség a tükörébe nézett
Su padre se había preocupado muchísimo por ella.
az apja aggódott, hogy beteg lesz érte
Ella anhelaba verlo de nuevo más que nunca.
jobban vágyott rá, hogy újra láthassa, mint valaha
"Podría prometerte que nunca te abandonaré por completo"
"Megígérhetem, hogy soha nem hagylak el teljesen"
"Pero tengo un deseo tan grande de ver a mi padre"
"de annyira vágyom, hogy lássam apámat"
"Me molestaría muchísimo si dijeras que no"
"Lehetetlenül ideges lennék, ha nemet mondana"

"Preferiría morir yo mismo", dijo el monstruo.
– Inkább magam haltam meg – mondta a szörnyeteg
"Prefiero morir antes que hacerte sentir incómodo"
"Inkább meghalok, mintsem hogy nyugtalanságot keltessem"
"Te enviaré con tu padre"
"Elküldelek apádhoz"
"permanecerás con él"
"vele maradsz"
"y esta desafortunada bestia morirá de pena en su lugar"
"és ez a szerencsétlen állat inkább a bánattól fog meghalni"
"No", dijo Bella, llorando.
– Nem – mondta a szépség sírva
"Te amo demasiado para ser la causa de tu muerte"
"Túlságosan szeretlek ahhoz, hogy a halálod oka legyek"
"Te doy mi promesa de regresar en una semana"
"Ígérem, hogy egy hét múlva visszatérek"
"Me has demostrado que mis hermanas están casadas"
"Megmutattad nekem, hogy a nővéreim házasok"
"y mis hermanos se han ido al ejército"
"és a testvéreim elmentek a hadseregbe"
"déjame quedarme una semana con mi padre, ya que está solo"
"Hadd maradjak egy hetet apámnál, mert egyedül van"
"Estarás allí mañana por la mañana", dijo la bestia.
– Holnap reggel ott leszel – mondta a vadállat
"pero recuerda tu promesa"
"de emlékezz az ígéretedre"
"Solo tienes que dejar tu anillo sobre una mesa antes de irte a dormir"
"Csak le kell fektetni a gyűrűt az asztalra, mielőtt lefekszel"
"Y luego serás traído de regreso antes de la mañana"
"és akkor még reggel visszahoznak"
"Adiós querida belleza", suspiró la bestia.
– Búcsút drága szépségem – sóhajtott a vadállat
Bella se fue a la cama muy triste esa noche.
szépség nagyon szomorúan feküdt le aznap este

Porque no quería ver a la bestia tan preocupada.
mert nem akarta ennyire aggódó fenevadat látni
A la mañana siguiente se encontró en la casa de su padre.
másnap reggel az apja otthonában találta magát
Ella hizo sonar una campanita junto a su cama.
megkongatott egy kis csengőt az ágya mellett
y la criada dio un grito fuerte
és a szobalány hangosan felsikoltott
y su padre corrió escaleras arriba
és az apja felszaladt az emeletre
Él pensó que iba a morir de alegría.
azt hitte, meg fog halni az örömtől
La sostuvo en sus brazos durante un cuarto de hora.
negyed óráig tartotta a karjában
Finalmente los primeros saludos terminaron.
végül az első köszöntések véget értek
Bella empezó a pensar en levantarse de la cama.
szépség arra kezdett gondolni, hogy felkeljen az ágyból
pero se dio cuenta de que no había traído ropa
de rájött, hogy nem hozott ruhát
pero la criada le dijo que había encontrado una caja
de a szobalány azt mondta neki, hogy talált egy dobozt
El gran baúl estaba lleno de vestidos y batas.
a nagy csomagtartó tele volt köntösökkel és ruhákkal
Cada vestido estaba cubierto de oro y diamantes.
mindegyik ruhát arannyal és gyémánttal borították
Bella agradeció a la Bestia por su amable atención.
a szépség megköszönte a vadállat kedves gondoskodását
y tomó uno de los vestidos más sencillos
és felvette az egyik legegyszerűbb ruhát
Ella tenía la intención de regalar los otros vestidos a sus hermanas.
a többi ruhát a nővéreinek szándékozott adni
Pero ante ese pensamiento el arcón de ropa desapareció.
de erre a gondolatra a ruhás láda eltűnt
La bestia había insistido en que la ropa era solo para ella.

a fenevad ragaszkodott hozzá, hogy a ruhák csak neki valók
Su padre le dijo que ese era el caso.
az apja azt mondta neki, hogy ez a helyzet
Y enseguida volvió el baúl de la ropa.
és azonnal visszajött a ruhatartó
Bella se vistió con su ropa nueva
szépség felöltözött új ruháival
Y mientras tanto las doncellas fueron a buscar a sus hermanas.
és közben szobalányok mentek megkeresni a nővéreit
Ambas hermanas estaban con sus maridos.
mindkét nővére a férjükkel volt
Pero sus dos hermanas estaban muy infelices.
de mindkét nővére nagyon boldogtalan volt
Su hermana mayor se había casado con un caballero muy guapo.
legidősebb nővére egy nagyon jóképű úriemberhez ment feleségül
Pero estaba tan enamorado de sí mismo que descuidó a su esposa.
de annyira szerette magát, hogy elhanyagolta a feleségét
Su segunda hermana se había casado con un hombre ingenioso.
második nővére egy szellemes férfihoz ment feleségül
Pero usó su ingenio para atormentar a la gente.
de szellemességét emberek kínzására használta
Y atormentaba a su esposa sobre todo.
és leginkább a feleségét gyötörte
Las hermanas de Bella la vieron vestida como una princesa
a szépség nővérei hercegnőnek öltözve látták
y se enfermaron de envidia
és rosszul lettek az irigységtől
Ahora estaba más bella que nunca
most szebb volt, mint valaha
Su comportamiento cariñoso no pudo sofocar sus celos.
szeretetteljes viselkedése nem tudta elfojtani féltékenységüket

Ella les contó lo feliz que estaba con la bestia.
elmesélte nekik, mennyire örül a vadállatnak
y sus celos estaban a punto de estallar
és féltékenységük kitörni készült
Bajaron al jardín a llorar su desgracia.
Lementek a kertbe sírni a szerencsétlenségük miatt
"**¿En qué sentido esta pequeña criatura es mejor que nosotros?**"
– Miben jobb ez a kis lény nálunk?
"**¿Por qué debería estar mucho más feliz?**"
– Miért lenne sokkal boldogabb?
"Hermana", dijo la hermana mayor.
– Nővér – mondta a nővér
"Un pensamiento acaba de golpear mi mente"
"Egy gondolat jutott eszembe"
"**Intentemos mantenerla aquí más de una semana**"
"Megpróbáljuk itt tartani több mint egy hétig"
"**Quizás esto enfurezca al tonto monstruo**"
"talán ez feldühíti az ostoba szörnyeteget"
"**porque ella hubiera faltado a su palabra**"
"mert megszegte volna a szavát"
"**y entonces podría devorarla**"
"és akkor felfalhatja"
"Esa es una gran idea", respondió la otra hermana.
– Ez remek ötlet – válaszolta a másik nővér
"**Debemos mostrarle la mayor amabilidad posible**"
"A lehető legtöbb kedvességet kell megmutatnunk neki"
Las hermanas tomaron esta resolución
a nővérek ezt határozták meg
y se comportaron con mucho cariño con su hermana
és nagyon szeretetteljesen viselkedtek a nővérükkel
La pobre belleza lloró de alegría por toda su bondad.
szegény szépség sírt örömében minden kedvességüktől
Cuando la semana se cumplió, lloraron y se arrancaron el pelo.
amikor lejárt a hét, sírtak és tépték a hajukat

Parecían muy apenados por separarse de ella.
úgy tűnt, nagyon sajnálták, hogy megválnak tőle
y Bella prometió quedarse una semana más
és a szépség megígérte, hogy egy héttel tovább marad
Mientras tanto, Bella no pudo evitar reflexionar sobre sí misma.
Eközben a szépség nem tudta megállni, hogy önmagára gondoljon
Ella se preocupaba por lo que le estaba haciendo a la pobre bestia.
aggódott, mit csinál szegény vadállattal
Ella sabía que lo amaba sinceramente.
tudja, hogy őszintén szerette őt
Y ella realmente anhelaba verlo otra vez.
és nagyon vágyott a viszontlátásra
La décima noche también la pasó en casa de su padre.
a tizedik éjszakát is az apjánál töltötte
Ella soñó que estaba en el jardín del palacio.
azt álmodta, hogy a palota kertjében van
y soñó que veía a la bestia extendida sobre la hierba
és azt álmodta, hogy meglátta a fenevadat a fűben
Parecía reprocharle con voz moribunda
mintha elhaló hangon szemrehányást tett volna neki
y la acusó de ingratitud
és hálátlansággal vádolta
Bella se despertó de su sueño.
a szépség felébredt álmából
y ella estalló en lágrimas
és sírva fakadt
"¿No soy muy malvado?"
– Nem vagyok nagyon gonosz?
"¿No fue cruel de mi parte actuar tan cruelmente con la bestia?"
– Nem volt kegyetlen tőlem, hogy ilyen barátságtalanul viselkedtem a vadállattal?
"La bestia hizo todo lo posible para complacerme"

"Az állat mindent megtett, hogy a kedvemben járjon"
-¿Es culpa suya que sea tan feo?
– Az ő hibája, hogy ilyen csúnya?
¿Es culpa suya que tenga tan poco ingenio?
– Az ő hibája, hogy ilyen kevés esze van?
"Él es amable y bueno, y eso es suficiente"
"Kedves és jó, és ez elég"
"¿Por qué me negué a casarme con él?"
– Miért nem voltam hajlandó feleségül venni?
"Debería estar feliz con el monstruo"
"Boldognak kell lennem a szörnyeteggel"
"Mira los maridos de mis hermanas"
"Nézd meg a nővéreim férjeit"
"ni el ingenio ni la belleza los hacen buenos"
"sem a szellemesség, sem a jóképűség nem teszi őket jóvá"
"Ninguno de sus maridos las hace felices"
"egyik férjük sem boldogítja őket"
"pero virtud, dulzura de carácter y paciencia"
"de az erény, az indulat édessége és a türelem"
"Estas cosas hacen feliz a una mujer"
"ezek a dolgok boldoggá tesznek egy nőt"
"y la bestia tiene todas estas valiosas cualidades"
"és a fenevadnak megvannak ezek az értékes tulajdonságai"
"Es cierto; no siento la ternura del afecto por él"
"igaz, nem érzem iránta a vonzalom gyengédségét"
"Pero encuentro que tengo la más alta gratitud por él"
"de úgy látom, a legnagyobb hálám érte"
"y tengo por él la más alta estima"
"És a legnagyobbra becsülöm őt"
"y él es mi mejor amigo"
"és ő a legjobb barátom"
"No lo haré miserable"
"Nem fogom őt szerencsétlenné tenni"
"Si fuera tan desagradecido nunca me lo perdonaría"
"Ha olyan hálátlan lennék, soha nem bocsátanék meg magamnak"

Bella puso su anillo sobre la mesa.
szépség letette a gyűrűjét az asztalra
y ella se fue a la cama otra vez
és újra lefeküdt
Apenas estaba en la cama cuando se quedó dormida.
alig volt ágyban, mielőtt elaludt
Ella se despertó de nuevo a la mañana siguiente.
másnap reggel újra felébredt
Y ella estaba muy contenta de encontrarse en el palacio de la bestia.
és nagyon boldog volt, hogy a vadállat palotájában találta magát
Ella se puso uno de sus vestidos más bonitos para complacerlo.
felvette az egyik legszebb ruháját, hogy a kedvében járjon
y ella esperó pacientemente la tarde
és türelmesen várta az estét
llegó la hora deseada
eljött a kívánt óra
El reloj dio las nueve, pero ninguna bestia apareció
az óra kilencet ütött, de vadállat nem jelent meg
Bella entonces temió haber sido la causa de su muerte.
a szépség akkor attól tartott, hogy ő okozta a halálát
Ella corrió llorando por todo el palacio.
sírva rohant körbe a palotában
Después de haberlo buscado por todas partes, recordó su sueño.
miután mindenhol kereste őt, eszébe jutott az álma
y ella corrió hacia el canal en el jardín
és a kertben lévő csatornához futott
Allí encontró a la pobre bestia tendida.
ott találta szegény fenevadat kinyújtózva
y estaba segura de que lo había matado
és biztos volt benne, hogy ő ölte meg
Ella se arrojó sobre él sin ningún temor.
minden félelem nélkül rávetette magát

Su corazón todavía latía
a szíve még mindig dobogott
Ella fue a buscar un poco de agua al canal.
vett egy kis vizet a csatornából
y derramó el agua sobre su cabeza
és a fejére öntötte a vizet
La bestia abrió los ojos y le habló a Bella.
a fenevad kinyitotta a szemét, és a szépséghez beszélt
"Olvidaste tu promesa"
"Elfelejtetted az ígéretedet"
"Me rompió el corazón haberte perdido"
"Annyira összetört a szívem, hogy elvesztettelek"
"Resolví morirme de hambre"
"Elhatároztam, hogy kiéheztetem magam"
"pero tengo la felicidad de verte una vez más"
"de örülök, hogy még egyszer láthatlak"
"Así tengo el placer de morir satisfecho"
"Szóval az az öröm, hogy elégedetten halok meg"
"No, querida bestia", dijo Bella, "no debes morir".
- Nem, drága vadállat - mondta a szépség -, nem szabad meghalnod.
"Vive para ser mi marido"
"Élj, hogy a férjem legyél"
"Desde este momento te doy mi mano"
"E pillanattól fogva a kezem nyújtom neked"
"Y juro no ser nadie más que tuyo"
"És esküszöm, hogy nem leszek más, csak a tiéd"
"¡Ay! Creí que sólo tenía una amistad para ti"
"Jaj! Azt hittem, csak barátságom van veled"
"Pero el dolor que ahora siento me convence;"
"de a bánat, amit most érzek, meggyőz;
"No puedo vivir sin ti"
"Nem tudok nélküled élni"
Bella apenas había dicho estas palabras cuando vio una luz.
A szépség aligha mondta ezeket a szavakat, amikor fényt látott

El palacio brillaba con luz
a palota fényben szikrázott
Los fuegos artificiales iluminaron el cielo
tűzijáték világította meg az eget
y el aire se llenó de música
és a levegő megtelt zenével
Todo daba aviso de algún gran acontecimiento
minden valami nagyszerű eseményről adott hírt
Pero nada podía captar su atención.
de semmi sem tudta lekötni a figyelmét
Ella se volvió hacia su querida bestia.
– fordult kedves vadállatához
La bestia por la que ella temblaba de miedo
a fenevad, akiért remegett a félelemtől
¡Pero su sorpresa fue grande por lo que vio!
de a meglepetése nagy volt a látottakon!
La bestia había desaparecido
a vadállat eltűnt
En cambio, vio al príncipe más encantador.
ehelyett a legkedvesebb herceget látta
Ella había puesto fin al hechizo.
véget vetett a varázslatnak
Un hechizo bajo el cual se parecía a una bestia.
egy varázslat, amely alatt vadállatra hasonlított
Este príncipe era digno de toda su atención.
ez a herceg méltó volt minden figyelmére
Pero no pudo evitar preguntar dónde estaba la bestia.
de nem tehetett róla, hogy megkérdezte, hol van a fenevad
"Lo ves a tus pies", dijo el príncipe.
– Látod őt a lábadnál – mondta a herceg
"Un hada malvada me había condenado"
"Egy gonosz tündér elítélt engem"
"Debía permanecer en esa forma hasta que una hermosa princesa aceptara casarse conmigo"
"Ebben a formában kellett maradnom, amíg egy gyönyörű hercegnő bele nem egyezik hozzám."

"El hada ocultó mi entendimiento"
"a tündér elrejtette az értelmemet"
"Fuiste el único lo suficientemente generoso como para quedar encantado con la bondad de mi temperamento"
"Te voltál az egyetlen elég nagylelkű ahhoz, hogy elbűvölje az indulatom jósága"
Bella quedó felizmente sorprendida
– lepődött meg boldogan szépség
Y le dio la mano al príncipe encantador.
és kezet nyújtott a bájos hercegnek
Entraron juntos al castillo
együtt mentek be a kastélyba
Y Bella se alegró mucho al encontrar a su padre en el castillo.
és a szépség rendkívül boldog volt, amikor apját a kastélyban találta
y toda su familia estaba allí también
és az egész családja is ott volt
Incluso Bella dama que apareció en su sueño estaba allí.
még az álmában megjelent gyönyörű hölgy is ott volt
"Belleza", dijo la dama del sueño.
– szépség – mondta a hölgy az álomból
"ven y recibe tu recompensa"
"gyere és vedd át a jutalmad"
"Has preferido la virtud al ingenio o la apariencia"
"Ön az erényt részesíti előnyben, mint az esze vagy a megjelenése"
"Y tú mereces a alguien en quien se unan estas cualidades"
"és megérdemelsz valakit, akiben ezek a tulajdonságok egyesülnek"
"vas a ser una gran reina"
"nagy királynő leszel"
"Espero que el trono no disminuya vuestra virtud"
"Remélem, a trón nem csökkenti az erényedet"
Entonces el hada se volvió hacia las dos hermanas.
majd a tündér a két nővér felé fordult
"He visto dentro de vuestros corazones"

"Láttam a szívetekben"
"Y sé toda la malicia que contienen vuestros corazones"
"És tudom, hogy a szíved minden rosszindulatot tartalmaz"
"Ustedes dos se convertirán en estatuas"
"ti ketten szobrok lesztek"
"pero mantendréis vuestras mentes"
"de megtartod az eszed"
"estarás a las puertas del palacio de tu hermana"
"A húgod palotájának kapujában állsz"
"La felicidad de tu hermana será tu castigo"
"A nővéred boldogsága a te büntetésed lesz"
"No podréis volver a vuestros antiguos estados"
"nem fog tudni visszatérni korábbi állapotaiba"
"A menos que ambos admitan sus errores"
"hacsak mindketten elismeritek a hibáitokat"
"Pero preveo que siempre permaneceréis como estatuas"
"de előre látom, hogy mindig szobrok maradsz"
"El orgullo, la ira, la gula y la ociosidad a veces se vencen"
"A büszkeség, a harag, a falánkság és a tétlenség néha legyőzhető"
" pero la conversión de las mentes envidiosas y maliciosas son milagros"
" de az irigy és rosszindulatú elmék megtérése csodák"
Inmediatamente el hada dio un golpe con su varita.
a tündér azonnal ütést adott a pálcájával
Y en un momento todos los que estaban en el salón fueron transportados.
és egy pillanat alatt mindazokat, akik a teremben voltak, elszállították
Habían entrado en los dominios del príncipe.
a herceg uradalmába mentek
Los súbditos del príncipe lo recibieron con alegría.
a herceg alattvalói örömmel fogadták
El sacerdote casó a Bella y la bestia
a pap feleségül vette a szépséget és a fenevadat
y vivió con ella muchos años

és sok évig élt vele
y su felicidad era completa
és boldogságuk teljes volt
porque su felicidad estaba fundada en la virtud
mert boldogságukat az erényre alapozták

                El fin
                A Vég

www.ingramcontent.com/pod-product-compliance
Lightning Source LLC
Chambersburg PA
CBHW011554070526
44585CB00023B/2600